FRYING PAN ÉTUVÉE

フライパン蒸し煮

若山曜子

はじめに

学生時代、フランスで生活をしはじめ、家電を買いにいって驚いたのが、
小さい電子レンジがなかったこと。電子レンジが生活からなくなって初めて、
いかに自分が「蒸す」という調理を電子レンジに頼っていたかを思い知りました。
ごはんは炊いたら冷凍して、レンチンしてすぐ食べたい。
中華街で売っていたもやしや白菜も、電子レンジ加熱なら楽なのに、と。

特にどうしても食べたかったのが、中華食材店に売っていた
「バインクォン」という蒸し餃子。レンジ加熱すればすぐ食べられるのに、
ゆでれば中から肉だねが出てくるし、焼けば皮がフライパンにくっつきます。
でも食べたい。ある日、私はフライパンにもやしを敷いてバインクォンをのせ、
少しの水分を入れてふたをし、加熱しました。
ふっくら蒸されたバインクォンと、ひき肉から出た脂を少し吸った
もやしのおいしかったこと。これこれ！と、にんまりしたのを覚えています。
思えば、これが私のフライパン蒸し煮の最初の一品だったかもしれません。

フライパンで蒸し煮にする時は、先に具材を軽く炒め、
香ばしさをプラスできるのもよいところ。あとは呼び水程度の水分を入れ、
ふたをして蒸せば、ふっくらやさしい味のお料理ができ上がります。

たれはかけて蒸してもいいし、あとからつけてもいい。
たっぷりの野菜はカサが一気に減り、食べやすい。
野菜の蒸気で蒸されたお肉やお魚は、ふっくら。ほどよく落ちた脂を
効率よく野菜が吸ってくれます。たんぱく質と野菜をいいバランスで
一緒に食べることができるひと皿のでき上がりです。

ぜひ、身近な野菜を下に敷いて、家にある肉や魚をのせ、
水やオイルを少し入れ、フライパンで蒸し煮にしてみてください。
やわらかく蒸された野菜の底は、少し焼けて香ばしくなるかもしれませんが、
それもまたおいしい。体が整うバランスのよいひと皿ができるはず。
フライパン1つあれば、自炊は自分を癒す、
なにより簡単な健康法になると思うのです。

若山曜子

Contents
Frying pan Étuvée

- 6 基本の蒸し煮を作りましょう！（鶏もも肉のカレークリーム蒸し）
- 8 ソースいろいろ
  （エスカルゴバター／オイスターごま油／ポン酢バター／ナンプラーレモン）
- 8 フライパンについて／調味料について

Chapter.1 Simple Étuvée 【シンプル蒸し煮】

- 10 豚バラとなすのにんにくごまだれ蒸し
- 11 豚バラともやしの梅だれ蒸し
- 12 鶏もも肉と白菜の黒酢蒸し
  Side dish 豆腐とにらのごまみそスープ
- 13 鶏もも肉とブロッコリーの春雨オイスター蒸し
- 14 鶏むね肉とブロッコリーのトンナートソース
- 15 桜えびとレタスのにんにくアンチョビ蒸し
  Side dish 豆とベーコンのミネストローネ
- 20 カリフラワーとじゃがいものグラタン風
- 21 鮭と長いものみそバター蒸し
- 22 たらとじゃがいものクリームチーズディップ
- 23 あさりとかぶのバター酒蒸し

Chapter.2 Meat Étuvée 【肉の蒸し煮】

- 28 豚バラとキャベツのみそしょうが蒸し
- 29 豚バラとじゃがいもの高菜蒸し
- 30 ポークソテーのりんごソース
- 31 豚肉と玉ねぎのスパイシートマト蒸し
- 32 豚肉とかぼちゃのクミン蒸し
- 33 鶏もも肉と切り干し大根のザーサイ蒸し
- 38 鶏もも肉とマッシュルームのアンチョビクリーム蒸し
- 39 鶏もも肉とズッキーニの梅ナンプラー蒸し
- 40 鶏もも肉としめじのゆずこしょうココナッツミルク蒸し
- 41 鶏団子と豆腐の大葉蒸し
- 46 ビッグシュウマイ
  Side dish 切り干し大根の卵焼き
- 48 獅子頭ときのこの中華蒸し
  Side dish レンチンなすの中華サラダ
- 50 手作りハーブソーセージとトマトのクスクス
  Side dish にんじんのスパイシースープ
- 52 牛肉とれんこんのゆずこしょう蒸し
  Side dish セロリの塩昆布豆腐あえ
- 54 牛肉とクレソンのしょうがじょうゆ蒸し

Chapter.3 Fish & Seafood Étuvée 【魚の蒸し煮】

56	かじきと白菜のにらだれ蒸し	58	たらとわかめのキムチ蒸し
57	かじきの中華トマトだれ蒸し	59	鯛とアスパラのビネガー蒸し
57	鮭のゆず白みそだれ蒸し	64	さばとさつまいものマスタード蒸し Side dish　トマトとみょうがのサラダ
58	たらとかぶの青のりクリーム蒸し	66	えびとズッキーニの ガーリックレモン蒸し

Chapter.4 Tofu & Beans Étuvée 【豆腐と豆の蒸し煮】

68	豆腐となすのよだれ鶏風	71	厚揚げとさつまいものカレー蒸し
69	豆腐とあさりの韓国だれ蒸し	76	豆とベーコンのスパイス蒸し Side dish　アボカドの冷製スープ
69	豆腐のピーマンしらすしょうが蒸し	78	グリーンピースとベーコンの フランス風
70	厚揚げとトマトのキムチクリーム蒸し		

Chapter.5 Special Étuvée 【ごちそう蒸し煮】

80	鶏肉とソーセージの サルサベルデソース	83	ひき肉とキャベツの 和風ロールキャベツ風
81	ロール蒸し鶏	86	鯛とあさりのアクアパッツァ Side dish　ルッコラといちじくのサラダ
82	豚バラロールとかぶのバルサミコ蒸し		

【この本での約束ごと】
- 1カップは200ml、大さじ1は15ml、小さじ1は5mlです。
- 「ひとつまみ」とは、親指、人さし指、中指の3本で軽くつまんだ量のことです。
- オリーブ油はエキストラ・バージン・オリーブオイル、塩は精製されていないもの、こしょうは粗びき黒こしょう、サラダ油は米油、レモンの皮は国産のものを使っています。
- 電子レンジの加熱時間は、600Wのものを基準にしています。500Wの場合は、1.2倍の時間を目安にしてください。機種によっては、多少差が出ることもあります。

Basic Étuvée
基本の蒸し煮を作りましょう！

フライパン蒸し煮の特徴は、野菜を下に敷き、その水分も利用して蒸し上げること。
こうすることで肉には直接火があたらず、ふっくらジューシーになり、
野菜は肉のうまみがうつって、しっとりと、よりおいしくなります。
キャベツのほか野菜は、火が入りやすいブロッコリー、白菜、きのこなどでも。
カレークリームには隠し味のナンプラーを加え、ごはんがすすむ味わいです。

鶏もも肉のカレークリーム蒸し

材料（2〜3人分）

鶏もも肉 … 1枚（300g）
　塩 … 小さじ 1/3
　こしょう … 少々
キャベツ（5cm角に切る）… 1/4個

【カレークリーム】
生クリーム … 3/4カップ
白ワイン … 大さじ3
カレー粉 … 小さじ1 1/2
ナンプラー … 小さじ1
にんにく（すりおろす）… 少々

1 材料を準備する

鶏肉は5cm角に切り、塩、こしょうをふる。

カレークリームは混ぜておく。
＊カレー粉が少し混ざりにくいので、小さめの泡立て器を使うといい

2 重ねて入れる

フライパンにキャベツを入れ、塩少々（分量外）をふる。
＊塩をふることで、キャベツから水分が出やすくなる

鶏肉を皮目を上にしてのせる。
＊皮目を上にすることで、肉のうまみが野菜に入りやすくなる

3 ふたをして火にかける

カレークリームを全体に回しかけ、

ふたをして中火にかける。

煮立ったら弱めの中火にし、ふたをして10分蒸し煮にする。肉に火が通って、野菜がくったりすれば完成。

4 ソースを煮詰める

鶏肉とキャベツを器に盛り、火を強め、少しとろみがつくまでソースを煮詰めてかける。
＊水分の残り具合によって、様子を見ながら煮詰めて

ソースいろいろ

「鶏もも肉のカレークリーム蒸し」(6ページ)は、ソースをかえるだけでアレンジ自在。
カレークリームを加えるタイミング(7ページの2)でこれらを加え、作ってみてください。

エスカルゴバター

エスカルゴ料理に使われる、風味豊かなバター。
パセリとにんにくの香りがたまりません。

材料(2〜3人分)
イタリアンパセリ(みじん切り)
　　…小さじ2
A ｜にんにく(みじん切り)…1かけ
　 ｜バター…大さじ2½
白ワイン…大さじ2
塩…小さじ½

耐熱ボウルにAを入れ、ラップをかけて電子レンジで40秒加熱し、残りの材料を加える。

オイスターごま油

オイスターソースに、しょうがをプラス。
パンチのある中華味に仕上がります。

材料(2〜3人分)
オイスターソース、
　ごま油…各大さじ1
酒…大さじ3
しょうが(みじん切り)…1かけ

材料すべてを合わせる。

ポン酢バター

ポン酢の酸味に、みりんで甘みを加えて。
バターでコクのある味わいにします。

材料(2〜3人分)
ポン酢じょうゆ、しょうゆ、酒
　　…各大さじ1
みりん…大さじ½
バター…小さじ2

材料すべてを合わせる。

ナンプラーレモン

おなじみの甘酸っぱいエスニック風。
仕上げにレモンをかけ、あと味さっぱりと。

材料(2〜3人分)
ナンプラー、水…各大さじ1
酒…大さじ2½
砂糖…小さじ1
にんにく(すりおろす)…1かけ
赤唐辛子(小口切り)…1本

材料すべてを合わせる。仕上げにレモン汁小さじ1(分量外)をかける。

フライパンについて

この本で使っているのは、直径24〜26cm、底径18〜20cm、深さ4〜5cmのフッ素樹脂加工のふたつきのもの。蒸し煮は加える水分が少なめで、表面積が広いフライパンは水分が蒸発しやすいので、大きすぎないものがおすすめ。汁けが少なくなったら、水を足して調整して。

調味料について

塩はまろやかな塩味の「ゲランドの塩(細粒)」、こしょうは黒粒こしょうをそのつど挽いて、砂糖はきび砂糖を使っています。白ワインは手頃なものでいいので、甘みが少ない辛口タイプを。鶏ガラスープの素は化学調味料無添加の顆粒タイプ、生クリームは軽めの乳脂肪分36%を使用。

Chapter.1
Simple Étuvée

🍳 シンプル蒸し煮

少ない材料と調味料で、手軽に作れる蒸し煮です。
フライパンに野菜、肉や魚の順に重ねて入れたら、
たれやソースをかけて、ふたをして火にかけるだけ。
肉や魚は火通りのいいものを選び、加熱時間も短めです。
油が少なめでさっぱりといただけ、ごはんにかければ、
野菜がたっぷり食べられるヘルシーなワンプレートに。
温め直すとより味がしみて、さらにおいしいです。

1.
豚バラとなすのにんにくごまだれ蒸し
Pork & Eggplant in Garlic Sesame Sauce

蒸し煮にしてしっとりとしたなすが、たっぷりいただけるひと皿。
ごま油を少量だけ加えた、すりごま入りのたれで蒸すから、
豚バラ肉もさっぱりと軽い食べ心地に。
冷やして冷製にして食べるのもおすすめです。
野菜は薄切りの大根、細切りの白菜やキャベツでも。
⇒作り方は16ページ

2.
豚バラともやしの梅だれ蒸し
Pork & Bean Sprouts in Pickled Plum Sauce

みりんで少し甘さを加えた梅だれの酸味が、さわやかな味わい。
どっさりのもやしとレタスは、カサが減ってぐっと食べやすく。
豚バラのコクがしみ込んで、食べごたえも満点です。
もやしとレタスはどちらか1つだけでもいいし、白菜で作っても。
こげないようにオーブンシートを敷いて（73ページ参照）、
豆腐で作るのもぜひ。
⇒作り方は16ページ

3. 鶏もも肉と白菜の黒酢蒸し
Chicken & Chinese Cabbage in Black Vinegar

鶏肉は先に黒酢と片栗粉をからめ、下味をつけておくことで、酸の力でやわらかく、粉のおかげでしっとりと蒸し上がります。白菜はごま油で炒め、香りをつけてから鶏肉をのせるのがコツ。豚肉のほか手羽元など、骨つき肉でボリュームを出したり、赤唐辛子をきかせてピリッとさせてもいいですね。
⇒作り方は17ページ

豆腐とにらの
ごまみそスープ

4.
鶏もも肉とブロッコリーの春雨オイスター蒸し
Chicken, Broccoli, and Vermicelli in Oyster Sauce

春雨は戻さずに下に敷き、肉や野菜、きのこのうまみを
余すところなく吸わせます。オイスターソースとしいたけの
ダブルのうまみで、白いごはんにぴったりの中華味。
ピリリと辛い豆板醤が食欲をそそります。
たたいて薄くし、粉をまぶした鶏むね肉で作るのもおすすめ。
⇒作り方は18ページ

5.
鶏むね肉とブロッコリーのトンナートソース

Chicken Breast & Broccoli with Tonnato Sauce

トンナートソースとは、イタリア版のツナマヨソースのこと。
ゆで卵も入ってボリューム満点、アンチョビの塩けのほか、
ビネガーの酸味もきいた、うまみが詰まったソースです。
あっさり鶏むね肉は、粉をまぶしてしっとりと蒸し上げて。
肉は豚肉、野菜はじゃがいも、にんじん、カリフラワーでも。
⇒作り方は18ページ

6.
桜えびとレタスの
にんにくアンチョビ蒸し
Sakura Shrimp & Lettuce with Garlic and Anchovy

豆とベーコンの
ミネストローネ

レタスまるまる1個が、ぺろりと食べられてしまうイタリアン風。
味の決めては、桜えびとアンチョビ。オリーブ油でじっくり炒め、
香りをオイルにうつしてからレタスと蒸し煮にすることで、
淡泊なレタスが一気にメインディッシュに変身します。
残ったソースは、ぜひパンにつけてどうぞ。
⇒作り方は19ページ

● Simple Étuvée

1. 豚バラとなすのにんにくごまだれ蒸し
Pork & Eggplant in Garlic Sesame Sauce

材料（2～3人分）

豚バラ薄切り肉（5cm幅に切る）… 6枚（200g）
なす（1.5cm幅の輪切り）… 3本
長ねぎ（縦半分に切り、斜め薄切り）… 1本
【にんにくごまだれ】
しょうゆ、酒、白すりごま … 各大さじ1
ごま油 … 小さじ1
砂糖 … 小さじ¼
にんにく（みじん切り）… 1かけ

作り方

1 フライパンになすを並べ、豚肉を広げてのせ、混ぜたたれを回しかけて長ねぎをのせ、ふたをして中火にかける。
2 煮立ったら弱めの中火にし、7～8分蒸し煮にする。

2. 豚バラともやしの梅だれ蒸し
Pork & Bean Sprouts in Pickled Plum Sauce

材料（2～3人分）

豚バラ薄切り肉（5cm幅に切る）… 6枚（200g）
もやし … 1袋（250g）
レタス（4～5cm大にちぎる）… 小½個
【梅だれ】
梅干し（たたく）… 2個
酒 … 大さじ2
しょうゆ、みりん … 各大さじ1

作り方

1 フライパンにもやしとレタスを入れ、豚肉を広げてのせ、混ぜたたれを回しかけ、ふたをして中火にかける。
2 煮立ったら弱めの中火にし、10分蒸し煮にする。

3. 鶏もも肉と白菜の黒酢蒸し
Chicken & Chinese Cabbage in Black Vinegar

材料（2～3人分）

鶏もも肉（5cm角に切り、混ぜたAをからめる）
　… 1枚（300g）

A
- 黒酢、しょうゆ … 各大さじ2
- 片栗粉 … 大さじ1
- 砂糖 … 小さじ1/4
- にんにく、しょうが（ともにすりおろす）
　… 各1/2かけ

白菜（横5mm幅に切る）… 1/8株（250g）
えのきだけ（長さを半分に切り、ほぐす）
　… 1袋（100g）
塩 … 小さじ1/4
酒 … 大さじ1
ごま油 … 大さじ1

作り方

1. フライパンにごま油を熱し、白菜、えのきに塩をふって中火でしんなり炒める。
2. 酒を回しかけ、鶏肉を皮目を上にしてのせ、残ったつけだれを回しかけ、ふたをして弱めの中火で10～12分蒸し煮にする。

豆腐とにらのごまみそスープ   Side dish

みそ風味のマイルドな豆乳スープに、
練りごまを加えたコクのある味わい。
にらを加えたらすぐに火を止め、香りを生かして。
ラー油をかけて食べるのもおすすめです。

材料（2～3人分）

絹ごし豆腐（スプーンで3～4cm大にすくう）
　… 1/2丁（150g）
にら（1cm幅に切る）… 1/3束

A
- 豆乳（成分無調整のもの）… 1カップ
- 鶏ガラスープの素 … 小さじ1
- 水 … 1 1/2カップ

白練りごま … 大さじ1
みそ … 小さじ2

作り方

1. 鍋にA、豆腐を入れて火にかけ、温まったら白練りごま、みそを溶き入れ、煮立つ直前ににらを加えて火を止める。

♦ Simple Étuvée

4. 鶏もも肉とブロッコリーの春雨オイスター蒸し
Chicken, Broccoli, and Vermicelli in Oyster Sauce

材料 （2～3人分）

鶏もも肉（5cm角に切り、Aを順にまぶす）… 1枚（300g）
A ┃ 塩 … 小さじ1/3
　┃ こしょう … 少々
　┃ 片栗粉 … 小さじ2
ブロッコリー（小房に分ける）… 1株（250g）
生しいたけ（薄切り）… 4枚
緑豆春雨（乾燥・はさみで食べやすく切る）… 40g
【オイスターだれ】
オイスターソース、ごま油 … 各大さじ1
酒 … 大さじ4
しょうゆ … 小さじ2
豆板醤 … 小さじ1
にんにく、しょうが（ともにみじん切り）… 各1かけ
水 … 3/4カップ

作り方

1. フライパンに春雨を戻さずに入れ、ブロッコリーとしいたけ、鶏肉（皮目を上にして）の順にのせ、混ぜたたれを回しかけ、ふたをして中火にかける。
2. 煮立ったら弱めの中火にし、10分蒸し煮にする。

5. 鶏むね肉とブロッコリーのトンナートソース
Chicken Breast & Broccoli with Tonnato Sauce

材料 （2～3人分）

鶏むね肉（2cm幅のそぎ切り）… 1枚（300g）
A ┃ 塩 … 小さじ1/2
　┃ 白ワイン … 大さじ1
　┃ オリーブ油、片栗粉 … 各小さじ1
ブロッコリー（小房に分ける）… 1株（250g）
B ┃ 塩 … 小さじ1/2
　┃ オリーブ油 … 小さじ1
【トンナートソース】
　┃ ツナ缶（汁けをきり、たたく）… 小1缶（70g）
　┃ 固ゆで卵（みじん切り）… 1個
C ┃ マヨネーズ … 大さじ3
　┃ 白ワインビネガー（または酢）… 小さじ2
　┃ パセリ（あれば・みじん切り）… 適量
アンチョビ（フィレ・p42参照）… 2枚（8g）
にんにく（すりおろす）… 少々

作り方

1. 鶏肉はすりこ木などでたたいて薄くのばし、Aを順にもみ込む。
2. フライパンに水1cm、B、ブロッコリーを入れ、ふたをして中火にかけ、煮立ったら弱めの中火で3分蒸し煮にする。1をのせ、ふたをしてさらに3～4分蒸し煮にする。
3. 耐熱ボウルにアンチョビ、にんにくを入れ、ラップをかけて電子レンジで15秒加熱し、Cを加えて混ぜる。器に盛った2にかけて食べる。

6. 桜えびとレタスの にんにくアンチョビ蒸し

Sakura Shrimp & Lettuce with Garlic and Anchovy

材料 （2〜3人分）

- 桜えび(乾燥)… 大さじ2
- レタス(縦4等分に切る)… 1個
- にんにく(つぶす)… 1かけ
- アンチョビ(フィレ)… ½缶(25g)
- 白ワイン… 大さじ1
- オリーブ油… 大さじ1

作り方

1. フライパンにオリーブ油、にんにく、アンチョビ、桜えびを入れて弱火にかけ、香りが出たらレタスを加え、白ワインを回しかける。
2. ふたをして弱めの中火で12分蒸し煮にする（途中、5〜6分たったらレタスを裏返す）。

豆とベーコンのミネストローネ　　Side dish

豆のうまみにベーコンのコク、野菜の甘みがぎっしり。
大豆やひよこ豆で作ったり、マカロニを入れても合います。

材料 （2〜3人分）

- ミックスビーンズ(ドライパック)… 1袋(70g)
- A
  - ベーコン(2cm幅に切る)… 2枚
  - 玉ねぎ(粗みじん切り)… ¼個
  - セロリ(茎は小口切り、葉はざく切り)… ½本
  - にんにく(つぶす)… 1かけ
- B
  - トマト(粗みじん切り)… 1個
  - 水… 2½カップ
  - 塩… 小さじ⅓
- オリーブ油、パルメザンチーズ… 各大さじ1

作り方

1. 鍋にオリーブ油、A（セロリは茎のみ）を入れて中火で炒め、しんなりしたらビーンズ、Bを加え、ふたをして10分煮る。器に盛り、セロリの葉、チーズをのせる。

7.
カリフラワーとじゃがいものグラタン風
Cauliflower & Potato in Cream Sauce

フランスのじゃがいものグラタン・ドフィノア風のひと皿。
オーブンで焼くかわりに、最後に火を強めてふちをこがすと、
こんがりとした香ばしさがごちそうに。じゃがいもだけで作ったり、
長ねぎを加えるのもおすすめです。ソーセージを加えたり、
生ハムを添えたり、卵のかわりにピザ用チーズをのせても。
⇒作り方は24ページ

8.
鮭と長いものみそバター蒸し
Salmon & Chinese Yam with Miso and Butter

鮭は長いもの上にのせて蒸すことで、直接火があたらず、
しっとり、ふっくらと。鮭のうまみがしみ込んだ長いもが絶品で、
みそだれによく合うバターをからめ、さらにごはんがすすむ味わいに。
仕上げに加えるみつばは、かわりにせりや春菊など、
少し香りがあるものを使うと、あと味がさわやかです。
⇒作り方は24ページ

9. たらとじゃがいもの
クリームチーズディップ

*Cod & Potato with
Cream Cheese Dipping Sauce*

たらは塩をふって少しおき、出てきた水けをよくふきとり、白ワインをからめることで、くさみをしっかりとるのがポイント。火通りに時間がかかるじゃがいもは、先にオイルを加えて蒸し、香りとコクをプラスします。クリームチーズベースのディップには、さわやかなディルを加えて。かわりに万能ねぎや香菜を混ぜても。
⇒作り方は25ページ

10.
あさりとかぶのバター酒蒸し
Sake Steamed Clam & Turnip with Butter

あさりの極上のだしに、昆布も加えて作る酒蒸しは、
かぶがそのうまみをぎゅっと吸って、上品な味わい。
仕上げにバターをからめるから、コクが出て絶品です。
昆布は水に入れたら少し時間をおいて、だしを十分に引き出して。
最後に、みつばやすだちで香りをつけるのもおすすめです。
⇒作り方は26ページ

◆ Simple Étuvée

7. カリフラワーとじゃがいものグラタン風
Cauliflower & Potato in Cream Sauce

材料（2〜3人分）

カリフラワー（小房に分ける）
　… 大1株（正味450g）
じゃがいも（5mm幅の半月切り）… 2個（300g）
にんにく（薄切り）… 1かけ
A ｜ 生クリーム … 1カップ
　｜ 水 … ½カップ
　｜ 塩 … 小さじ½
　｜ ナツメグ（あれば）… 少々
卵 … 1個
こしょう … 適量

作り方

1. フライパンにカリフラワー、じゃがいも、にんにく、Aを入れ、ふたをして中火にかける。
2. 煮立ったら弱めの中火で10分蒸し煮にし、まん中に卵を割り入れ、ふたをしてさらに2〜3分加熱する。ふたをとって火を強めてふちを少しこがし、こしょうをふる。

8. 鮭と長いものみそバター蒸し
Salmon & Chinese Yam with Miso and Butter

材料（2〜3人分）

｜ 生鮭の切り身（塩をふる）… 2〜3枚（300g）
｜ 塩 … 小さじ⅓
長いも（7mm幅の輪切り）… 10cm（200g）
みつば（ざく切り）… ½束
バター … 小さじ2
【みそだれ】
みそ … 小さじ2
酒 … 大さじ1
水 … 大さじ2
砂糖 … ふたつまみ

作り方

1. フライパンに水¼カップを入れ、長いもを並べて鮭をのせ、混ぜたたれを回しかけ、バターを散らしてふたをして中火にかける。
2. 煮立ったら弱めの中火で6〜7分蒸し煮にし、みつばを散らして火を止め、ふたをして少し蒸らす。

9. たらとじゃがいものクリームチーズディップ
Cod & Potato with Cream Cheese Dipping Sauce

材料 (2〜3人分)

生だらの切り身(半分に切って塩をふり、20分おいて水けをふき、白ワインをふる)… 2〜3枚(300g)*
塩 … 小さじ½
白ワイン … 大さじ1
じゃがいも(皮ごと縦4等分に切る)
… 3個(450g)
A ┃ 白ワイン … 大さじ2
 ┃ 水 … 大さじ1
ディル(生・ちぎる)、レモン … 各適量

【クリームチーズディップ】
クリームチーズ … 70g
B ┃ 牛乳、ディル(生・みじん切り)
 ┃   … 各大さじ1
 ┃ レモン汁 … 小さじ1
 ┃ 塩、にんにく(すりおろす) … 各少々

＊甘塩だらを使う場合は、塩はなしに

Point

独特のくさみが気になるたらは、塩をふって20分おき、キッチンペーパーで水けをふく。余分な水分を出すことでくさみがとれ、塩味もついてうまみが強くなる。

じゃがいもは縦4等分に切り、塩とオリーブ油を加えた水で先に蒸し煮にする。オリーブ油を加えることで香りづけになり、コクも出てぐっとおいしくなる。

作り方

1. フライパンに水1cm、塩ひとつまみ、オリーブ油大さじ½(ともに分量外)、じゃがいもを入れ、ふたをして中火にかけ、煮立ったら弱めの中火で10分蒸し煮にする。
2. たらをのせてAを回しかけ、ふたをしてさらに5分蒸し煮にする。
3. 耐熱ボウルにクリームチーズを入れ、ラップをかけて電子レンジで30秒加熱し、Bを加えて混ぜ、器に盛ってディルをのせる。2をレモンとともに器に盛り、これをつけて食べる。

● Simple Étuvée

10. あさりとかぶのバター酒蒸し
Sake Steamed Clam & Turnip with Butter

材料（2〜3人分）

あさり（砂出しする）… 大1パック（300g）
かぶ（皮ごと8等分のくし形切り）… 4個
かぶの葉（5cm幅に切る）… 2個分
昆布（4等分に割る）… 5cm角1枚
酒 … ¼カップ
バター … 小さじ1

作り方

1. フライパンに水1cm、昆布を入れて10〜15分おく。かぶを並べ、あさりとかぶの葉をのせて酒を回しかけ、ふたをして中火にかける。
2. 煮立ったら弱めの中火で7〜8分蒸し煮にし、火を止めてバターをからめる。

Point

あさりはバットやボウルに塩水（水1カップ＋塩小さじ1）とともに入れ、冷暗所（または上にアルミホイルなどをのせて暗くする）に1時間ほどおいて砂を吐かせる。夏場は冷蔵室へ。

フライパンに水と昆布を入れたら10〜15分おき、だしが十分に出たところで、かぶを並べる。これで、かぶが昆布のうまみをしっかり吸って数段おいしくなる。

Chapter.2
Meat Étuvée

🍳 肉の蒸し煮

油をあまり使わず、少なめの水分で調理する蒸し煮では、
肉は少し脂がのっているものを選ぶのがおすすめ。
ほどよく脂がぬけて、それが野菜にしみ込むことで、
抜群においしいひと皿が生まれます。
どっさりの野菜も、肉のうまみを十分に吸うことで
くったりとカサが減り、食べごたえ満点に。
和洋中エスニック…バラエティ豊富にご紹介します。

1.
豚バラとキャベツのみそしょうが蒸し
Pork & Cabbage with Miso and Ginger

しょうが焼きを思わせる、ごはんがすすむ一品。
ごま油を加えたみそだれに、せん切りしょうがを組み合わせ、
コクのある豚バラ肉とキャベツを重ねて蒸し煮にします。
クタクタになったキャベツが、たっぷり食べられるのがうれしい。
豚肉に片栗粉をまぶせば、とろみがついてそれもまたおいしいです。
⇒作り方は34ページ

2.
豚バラとじゃがいもの高菜蒸し
Pork & Potato with Pickled Takana

豚肉を高菜漬けでサンドし、加熱するのがポイント。
肉のうまみと高菜の塩けが、下に敷いたじゃがいもにうつり、
ほっくり、しっとりとした濃厚な味わいに。
少なめの水分で蒸すから、凝縮したコクが楽しめます。
かわりに、里いもや長いもで作っても合います。
⇒作り方は34ページ

3. ポークソテーのりんごソース
Pork Sauté in Apple Sauce

豚肉に相性のいいりんごを合わせた、フレンチ風のひと皿。
豚肉は香ばしく焼いてりんごにのせ、その水分を利用して
ふっくらと蒸し上げます。りんごには豚肉のうまみが入り、
少し煮詰まっておいしいソースに。ごちそう感がありますね。
ごはんのかわりに、マッシュポテトを合わせるのもおすすめです。
⇒作り方は35ページ

4.
豚肉と玉ねぎの
スパイシートマト蒸し
Pork & Onion with Tomato and Spice

味の決めては、にんにく、クミン、レモン汁、豆板醤を混ぜた
スパイシーなたれ。これに豚肉をしっかり漬けたら、
玉ねぎ、トマトとさっとワイン蒸しにするだけで、
奥深い味わいのエスニック風のメイン料理が完成します。
ごはんにも合うけれど、残ったスープはバゲットにつけてぜひ。
⇒作り方は36ページ

5.
豚肉とかぼちゃのクミン蒸し
Pork & Pumpkin with Cumin

ほっくりしたかぼちゃの甘みに、スパイシーなクミンの香り、
カリッとしたナッツがアクセント。鶏肉で作っても合うし、
ラムにかえると、さらにエスニックな感じになります。
かぼちゃは先にレンチンしておくと、加熱時間が短くなってラク。
最後にはちみつをかけて食べてもおいしいです。
⇒作り方は36ページ

6.
鶏もも肉と切り干し大根のザーサイ蒸し
Chicken & Dried Radish Strips with Szechuan Pickles

鶏肉をはさむようにしてザーサイ、にんにく、しょうがを散らし、
全体にうまみをいきわたらせるのがコツ。
切り干し大根は戻さずに洗うだけでOKで、
これで鶏肉と同じタイミングで火が入ります。
肉のコクがうつった切り干し大根、甘みもあって絶品です。
⇒作り方は37ページ

● Meat Étuvée

1. 豚バラとキャベツのみそしょうが蒸し
Pork & Cabbage with Miso and Ginger

材料（2〜3人分）

豚バラ薄切り肉（5cm幅に切る）… 6枚（200g）
キャベツ（4〜5cm角に切る）… 1/4個
しょうが（せん切り）… 1かけ
【みそだれ】
みそ … 大さじ3
酒、水 … 各大さじ2
ごま油 … 小さじ2
砂糖 … 小さじ1

作り方

1 フライパンにキャベツとしょうがを入れ、豚肉を広げてのせ、混ぜたたれを回しかけ、ふたをして中火にかける。
2 煮立ったら弱めの中火にし、12〜13分蒸し煮にする。

2. 豚バラとじゃがいもの高菜蒸し
Pork & Potato with Pickled Takana

材料（2〜3人分）

豚バラ薄切り肉（5cm幅に切る）… 6枚（200g）
じゃがいも（5mm幅の輪切り）… 2個（300g）
刻み高菜漬け … 40g
A しょうゆ、ごま油 … 各小さじ2
　 酒、水 … 各大さじ2

作り方

1 フライパンにじゃがいもを並べ、高菜の半量⇒豚肉（広げて）⇒残りの高菜の順にのせ、Aを回しかけ、ふたをして中火にかける。
2 煮立ったら弱めの中火にし、6〜7分蒸し煮にする。

3. ポークソテーのりんごソース
Pork Sauté in Apple Sauce

材料 （2〜3人分）

豚肩ロース肉（とんかつ用・Aを順にまぶす）
　…2枚（250g）
- A
  - 塩…小さじ½
  - こしょう…少々
  - 小麦粉…小さじ2

にんにく（薄切り）…1かけ
りんご（皮を少し残し、1cm角に切る）
　…小1個（200g）
- B
  - 砂糖…大さじ1½
  - レモン汁…小さじ1

白ワイン…¼カップ
ローズマリー（生）…1本
オリーブ油…大さじ1

Point

砂糖とレモン汁をなじませたりんごをフライパンで炒めたら、その上に焼いた豚肉を戻す。りんごの力で肉がやわらかくなり、りんごは肉のうまみでおいしく。

作り方

1. フライパンにオリーブ油を熱し、豚肉、にんにくを入れ、中火で肉の両面に薄く焼き色をつけ（途中でにんにくがこげそうなら、肉の上にのせて）、取り出す。
2. 続けてBをなじませたりんごを入れてさっと炒め、1をのせて白ワイン、ローズマリーを加え、煮立ったらふたをして弱めの中火で6分蒸し煮にする。

＊パセリバターライス（ごはん茶碗2杯分に、イタリアンパセリのみじん切り大さじ2、バター小さじ2、塩ひとつまみを混ぜたもの）を添える

♦ Meat Étuvée

4. 豚肉と玉ねぎのスパイシートマト蒸し
Pork & Onion with Tomato and Spice

材料（2〜3人分）

豚肩ロース肉（とんかつ用・1.5cm角の棒状に切る）… 2枚（250g）

A
- レモン汁、オリーブ油 … 各小さじ2
- 豆板醤 … 小さじ1
- 塩、クミンパウダー、はちみつ … 各小さじ½
- にんにく（すりおろす）… 1かけ
- 香菜の茎と根（ともにみじん切り）… 1株分
- レモンの皮（すりおろす）、こしょう … 各少々

玉ねぎ（横1cm幅の輪切り）… 1個
トマト（8等分のくし形切り）… 小2個（200g）
白ワイン … ¼カップ
香菜の葉（ちぎる）… 1株分

作り方

1. 豚肉は混ぜたAにつけ、15分おく。
2. フライパンに玉ねぎとトマトを入れ、1を汁ごとのせ、白ワインを回しかけ、ふたをして中火にかける。
3. 煮立ったら弱めの中火にし、7〜8分蒸し煮にする。器に盛り、香菜の葉をのせる。

＊バゲットを添える

5. 豚肉とかぼちゃのクミン蒸し
Pork & Pumpkin with Cumin

材料（2〜3人分）

- 豚肩ロース薄切り肉（7〜8cm幅に切り、塩をふる）… 10枚（200g）
- 塩 … 小さじ⅓

かぼちゃ … ¼個（450g）
ミックスナッツ（粗く刻む）… 20g＊

A
- クミンシード … 小さじ1½
- にんにく（薄切り）… 1かけ

塩、こしょう … 各少々
オリーブ油 … 大さじ2
イタリアンパセリ（あれば・ざく切り）… 適量

＊有塩、無塩どちらでもOK

作り方

1. かぼちゃは種とワタを除き、耐熱皿にのせてラップをかけ、電子レンジで2分加熱し、1cm幅のくし形に切る。
2. フライパンを何もひかずに熱し、ナッツを中火でからいりして取り出す。続けてオリーブ油、Aを入れて弱めの中火にかけ、香りが出たら1を加えてさっと炒めて塩をふり、豚肉を広げてのせ、ふたをして弱めの中火で7〜8分蒸し煮にする。
3. こしょうをふって器に盛り、ナッツ、イタリアンパセリを散らす。

【クミンシード】インド料理などによく使われるスパイス。油と炒めて香りをうつし、肉や野菜を炒めるとぐっとおいしく。いつものカレーに加えると、本格的な味わいに。

Postcard

おそれいりますが
切手をお貼りください

104-8357

東京都中央区京橋 3-5-7
(株)主婦と生活社　料理編集

「フライパン蒸し煮」係行

ご住所
〒　　　−

お電話
　　　　　　　　（　　　　　　　）

フリガナ（　　　　　　　　　　　　　　）　　　性別
　　　　　　　　　　　　　　　　　　　　　　　　　男　・　女

お名前　　　　　　　　　　　　　　　年齢
　　　　　　　　　　　　　　　　　　　　　　　歳

ご職業
　　　1 主婦　2 会社員　3 自営業　4 学生　5 その他（　　　　）

未婚　　　　　　　　　家族構成（年齢）
既婚（　　　年）

「フライパン蒸し煮」はいかがでしたか？

今後の企画の参考にさせていただくため、アンケートにご協力ください。
＊お答えいただいた方、先着1000名様の中から抽選で20名様に、
小社刊行物（料理本）をプレゼントいたします
（刊行物の指定はできませんので、ご了承ください）。
当選者の発表は、賞品の発送をもってかえさせていただきます。

Q1 この本を購入された理由は何ですか？

Q2 この本の中で「作りたい」と思った料理を3つお書きください。
（　　　）ページの（　　　　　　　　　　　　　　　　）
（　　　）ページの（　　　　　　　　　　　　　　　　）
（　　　）ページの（　　　　　　　　　　　　　　　　）

Q3 この本の表紙・内容・ページ数・価格のバランスはいかがですか？

Q4 あなたが好きな料理研究家と、その理由を教えてください。

Q5 この本についてのご意見、ご感想をお聞かせください。

ご協力ありがとうございました

6. 鶏もも肉と切り干し大根のザーサイ蒸し
Chicken & Dried Radish Strips with Szechuan Pickles

材料 （2〜3人分）

鶏もも肉（5cm角に切り、塩をふる）
　… 1枚（300g）
塩 … 小さじ1/3
切り干し大根（水で洗い、食べやすく切る）
　… 40g

A
- 味つきザーサイ（粗みじん切り）
　… 約1/3びん（30g）
- にんにく、しょうが（ともにみじん切り）
　… 各1かけ

B
- 酒 … 大さじ3
- ごま油 … 大さじ1 1/2
- 水 … 3/4カップ

万能ねぎ（小口切り）… 適量

作り方

1. フライパンに切り干し大根を入れ、**A**の半量⇒鶏肉（皮目を上にして）⇒残りの**A**の順にのせ、**B**を回しかけ、ふたをして中火にかける。
2. 煮立ったら弱めの中火にし、12分蒸し煮にする。器に盛り、万能ねぎを散らす。

Point

切り干し大根は、水で洗うだけで戻さなくてOK。このまま蒸し煮にすることで甘みが出て、鶏肉と同じタイミングで火が通る。

ザーサイ、にんにく、しょうがは、2回に分けて全体に散らすようにのせる。これでザーサイのうまみと塩け、香味野菜の風味が、全体に回っておいしくなる。

7.
鶏もも肉とマッシュルームの
アンチョビクリーム蒸し
Chicken & Mushroom in Anchovy Cream

アンチョビの塩けに生クリームのコクを合わせた蒸し煮は、
クリームシチューのようなやさしい味わい。
どっさり入れたマッシュルームのだしが、味に深みを与えます。
鶏肉は大きく切って、ボリューム感を出して。
きのこは、しめじやエリンギをミックスしても美味です。
⇒作り方は42ページ

8. 鶏もも肉とズッキーニの梅ナンプラー蒸し
Chicken & Zucchini with Pickled Plum and Thai Fish Sauce

梅干しにナンプラーを合わせた甘じょっぱい味は、
タイのフルーツ・タマリンドをイメージした東南アジア風。
鶏肉はたれをもみ込み、少しおくと味がよりしみ、
酢の力で肉もやわらかくなります。ピーラーで薄切りにした
大根やにんじん、キャベツやレタスで作っても合います。
⇒作り方は43ページ

9. 鶏もも肉としめじの ゆずこしょうココナッツミルク蒸し
Chicken & Shimeji Mushroom in Yuzu Kosho and Coconut Milk

クリーミーなココナッツミルクに、ピリッとゆずこしょうを加え、
タイの煮込みをイメージしたひと皿です。野菜は何でもよく、
ピーマン、かぶ、ズッキーニなどお好みのもので。
きのこはうまみのもとになるので、ぜひ1種類は入れて。
仕上げのナンプラーで、ぐっとごはんに合う味に変身します。
⇒作り方は44ページ

10.

鶏団子と豆腐の大葉蒸し
Chicken Meatballs & Tofu with Shiso

しいたけと豆腐入りのあっさりとした鶏団子を
豆腐にのせて蒸し煮にした、さっぱりとした一品。
青じその香りがさわやかで、あとをひくおいしさです。
豆腐はこげやすいので、フライパンにはオーブンシートを敷いて
加熱するのがポイント。アツアツはもちろん、冷めても美味です。
⇒作り方は45ページ

● Meat Étuvée

7. 鶏もも肉とマッシュルームの アンチョビクリーム蒸し
Chicken & Mushroom in Anchovy Cream

材料 （2〜3人分）

鶏もも肉（縦横半分に切り、**A**を順にもみ込む）
　… 1枚（300g）

A ｜ 塩 … 小さじ½
　　　白ワイン … 大さじ2

マッシュルーム（3等分の薄切り）
　… 2パック（200g）*

玉ねぎ（薄切り）… ½個

B ｜ にんにく（みじん切り）… 1かけ
　　　アンチョビ（フィレ）… 3枚（12g）
　　　ナツメグ … 少々

生クリーム … ½カップ

＊しめじやエリンギと合わせて200gにしてもいい

Point

まずにんにく、アンチョビ、ナツメグを炒め、きのこと玉ねぎ、鶏肉の順にのせたら、生クリームを加えて火にかける。これでアンチョビのうまみが詰まった、クリーミーな蒸し煮になる。

作り方

1. フライパンに**B**を入れて弱火にかけ、香りが出たら火を止め、マッシュルームと玉ねぎ、鶏肉（皮目を上にして）の順にのせ、生クリームを回しかけてふたをして中火にかける。

2. 煮立ったら弱めの中火にし、5〜6分蒸し煮にする。

　＊ハーブバターライス（ごはん茶碗2杯分に、イタリアンパセリのみじん切り大さじ2、タイム・生のみじん切り1枝分、バター小さじ2、塩ひとつまみを混ぜたもの）を添える

【 アンチョビ 】カタクチイワシの塩漬けを熟成・発酵させ、オリーブ油で漬けたもの。加熱して調味料がわりに使ったり、生クリームやバターと合わせてソースにしても。

8. 鶏もも肉とズッキーニの梅ナンプラー蒸し
Chicken & Zucchini with Pickled Plum and Thai Fish Sauce

材料 （2〜3人分）

鶏もも肉（7〜8cm角に切る）… 1枚（300g）
A ｜ 梅干し（たたく）… 大1個
　｜ ナンプラー、酢 … 各小さじ2
　｜ にんにく（すりおろす）… ½かけ
ズッキーニ（4〜5cm長さ、1cm角の棒状に切る）
　… 大1本
長ねぎ（4〜5cm長さに切り、縦4等分に切る）
　… 1本
B ｜ 酒、水 … 各大さじ2
サラダ油 … 少々
ディル（生・あれば）… 適量

作り方

1. 鶏肉はAとともにポリ袋に入れてよくもみ込み、サラダ油を熱したフライパンの中火で皮目から両面に薄く焼き色をつける。脇にズッキーニ、長ねぎを加えてさっと炒め、その上に鶏肉をのせる。
2. Bを回しかけ、ふたをして弱めの中火で10分蒸し煮にする。器に盛り、ディルをちぎってのせる。

＊タイ米を添える

Point

ポリ袋に鶏肉とたれの材料を入れてしっかりもみ込み、下味をつけるのがポイント。10〜15分おくと、より味がしっかりしみ込む。

鶏肉の両面に薄く焼き色がついたら、肉を脇に寄せ、ズッキーニと長ねぎを加えて炒める。このあと野菜の上に鶏肉をのせ、うまみを吸わせながら蒸し煮にする。

◆ Meat Étuvée

9. 鶏もも肉としめじの
ゆずこしょうココナッツミルク蒸し

Chicken & Shimeji Mushroom in Yuzu Kosho and Coconut Milk

材料 （2～3人分）

鶏もも肉（5cm角に切り、**A**をふる）
　… 1枚（300g）
A ｜ 塩 … 小さじ¼
　　｜ こしょう … 少々
しめじ（ほぐす）… 大1パック（150g）
ししとう … 10本
B ｜ ココナッツミルク … 1カップ
　　｜ ゆずこしょう … 小さじ½
ナンプラー … 小さじ½

作り方

1. フライパンにしめじとししとうを入れ、鶏肉を皮目を上にしてのせ、混ぜた**B**を回しかけ、ふたをして中火にかける。
2. 煮立ったら弱めの中火で10分蒸し煮にし、ナンプラーで味を調える。

【 ココナッツミルク 】ココナッツの胚乳を削り、煮出して絞ったもの。開封後は足が早いので、残ったら冷凍保存を。牛乳や豆乳、砂糖を加えて凍らせ、アイスにしても美味。

Point

フライパンにしめじとししとうを入れ、鶏肉を皮目を上にしてのせたら、混ぜたココナッツミルクとゆずこしょうを回しかける。ゆずこしょうが溶けにくいので、先に混ぜておくのがコツ。

10. 鶏団子と豆腐の大葉蒸し
Chicken Meatballs & Tofu with Shiso

材料 （2～3人分）

A
- 鶏ひき肉 … 150g
- 玉ねぎ（みじん切り）… 1/4個
- 生しいたけ（みじん切り）… 2枚
- パン粉 … 大さじ3
- 塩 … 小さじ1/3

木綿豆腐（縦半分、横5等分に切り、1切れは肉だねに使う）… 1丁（300g）
青じそ（縦半分に切る）… 4～5枚

作り方

1. ボウルにA、豆腐1切れを入れ、粘りが出るまで手で練り混ぜ、9等分してだ円形にまとめる。
2. フライパンにオーブンシートを敷き（はみ出た部分は燃えないよう中に折り込む）、豆腐を並べ、1と青じそを1切れずつのせる。
3. シートの下に水1/2カップを入れ、ふたをして中火にかけ、煮立ったら弱めの中火で8分蒸し煮にする。

Point

フライパンにオーブンシートを敷いたら、豆腐を並べ、肉だね、青じそを1切れずつのせる。オーブンシートの端は、燃えないように必ず内側に折り込んで。

オーブンシートの下に水1/2カップを注ぎ、ふたをして火にかける。シートを敷くことで豆腐がこげにくくなり、そのまま持ち上げて取り出せてスムーズ。

切り干し大根の卵焼き

11.
ビッグシュウマイ
Big Steamed Meat Dumpling

包まずに作れる大きなシュウマイは、手軽なのに見た目も豪華。
白菜の上に皮を広げたら、肉だねをのせ、切った皮を散らすだけです。
くたくたになった白菜に、肉汁がしみたところが格別のおいしさ。
最後に水けが残っていたら、ふたをとって火を強めてとばしてください。

● Meat Étuvée

ビッグシュウマイ
Big Steamed Meat Dumpling

材料（2〜3人分）

A
- 豚ひき肉…250g
- ごま油…大さじ½
- オイスターソース、しょうゆ、砂糖
  しょうが（すりおろす）…各小さじ1
- 塩…小さじ¼
- 玉ねぎ（みじん切り）…½個
- 生しいたけ（粗みじん切り）…2枚
- 片栗粉…大さじ2

シュウマイの皮（5枚は4等分の細切り）
　…15枚
白菜（4〜5cm角に切る）…⅛株（250g）

B
- 酒、ごま油…各大さじ1
- 塩…ひとつまみ
- 水…½カップ

作り方

1. ボウルにAを入れ、粘りが出るまで手で練り混ぜ、玉ねぎとしいたけに片栗粉をまぶして加え、さっくり混ぜて直径15cm×厚さ2cmにまとめる。
2. フライパンに白菜を入れてBを回しかけ、シュウマイの皮10枚を並べて1をのせ、細切りにしたシュウマイの皮を散らす。
3. ふたをして中火にかけ、蒸気が出たら弱めの中火で12〜13分蒸し煮にする。好みでからしじょうゆをつけて食べる。

Point
フライパンに白菜を入れたら、シュウマイの皮を広げて並べ、肉だねをのせ、切った皮を散らす。これで、包まなくてもシュウマイに。

切り干し大根の卵焼き

Side dish

台湾の塩漬け干し大根の卵焼きを、切り干し大根でアレンジ。
万能ねぎとごま油の香りに、切り干しの食感がアクセントです。

材料（2〜3人分）

A
- 卵…3個
- 万能ねぎ（小口切り）…4本

切り干し大根（熱湯に5分つけ、
　粗熱がとれたら水けを軽くきり、
　1cm幅に切る）…20g
塩…ひとつまみ

B
- しょうゆ、酒…各大さじ½
- 砂糖…ひとつまみ

ごま油…大さじ1

作り方

1. フライパン（直径16cm）にごま油小さじ1（分量外）を熱し、切り干し大根に塩をふって中火でしんなり炒め、Bをからめ、混ぜたAに加える。
2. 続けてフライパンにごま油を熱し、1を広げて中火で大きく混ぜながら焼き、固まってきたら裏返し、両面をこんがり焼く。

レンチンなすの中華サラダ

12.
獅子頭ときのこの中華蒸し
シーズートウ
Big Meatballs & Mushrooms in Chinese style

上海料理の獅子頭とは、香味野菜を練り込んだ大きめの肉団子のこと。
やわらかめの肉だねは、先に表面をこんがりと焼きつけ、
その香ばしさをうまみにします。きのこは2種類入れると、味に深みが。
白菜やキャベツ、たっぷりの長ねぎ、春雨で作るのもおすすめです。

● Meat Étuvée

獅子頭ときのこの中華蒸し
シーズートウ
Big Meatballs & Mushrooms in Chinese style

材料（2〜3人分）

豚ひき肉 … 300g

A
- 酒 … 大さじ1
- 長ねぎ（みじん切り）… 1/3本
- しょうが（すりおろす）… 小さじ1/2
- オイスターソース … 小さじ1
- しょうゆ … 大さじ1
- 卵 … 1個
- パン粉 … 1/2カップ

しめじ、まいたけ（ともにほぐす）
　… 各大1パック（合わせて300g）

B
- 塩 … 少々
- 酒 … 大さじ2
- ごま油 … 小さじ1

水 … 1/2カップ
ごま油 … 少々

作り方

1. ボウルにひき肉を入れ、**A**を順に加えてそのつど粘りが出るまで手で練り混ぜ、5等分して丸める。
2. フライパンにごま油を熱し、**1**を中火で転がしながら全体をこんがり焼き（脂はペーパーでふく）、まわりにきのこを加えて**B**を順にふり、ふたをして弱めの中火で3分蒸し煮にする。
3. 水分がなくなってきたら水を加え、ふたをしてさらに5分蒸し煮にする。

レンチンなすの中華サラダ　　　　　　　　　　　　　Side dish

なすは手軽に電子レンジで加熱して、
とろりとした焼きなす風に。
酢じょうゆベースの中華だれは、
しょうがの風味がさわやかです。

材料（2〜3人分）

なす（ヘタのとがった部分を切り、ピーラーで
　皮をむき、フォークで全体に穴をあける）… 3本

A
- しょうゆ、しょうが（すりおろす）
　… 各大さじ1
- 酢、ごま油 … 各大さじ1/2
- 砂糖 … 小さじ2/3

長ねぎ（4cm長さのせん切り）… 1/2本

作り方

1. なすは1本ずつラップで包み、電子レンジで2分30秒、裏返して2分加熱する。粗熱がとれたらヘタを除き、大きめにさいて長さを3等分に切り、冷蔵室で冷やす。
2. 器に盛ってよく混ぜた**A**をかけ、長ねぎをのせる。

にんじんの
スパイシースープ

13.
手作りハーブソーセージと
トマトのクスクス
Herb Sausage with Couscous and Tomato

合びき肉にハーブを加えて作るソーセージは、肉感たっぷりでいて、
ふわりと香るミントがさわやか。ハーブはパセリ、ディル、香菜(シャンツァイ)など、
葉のやわらかいものなら何でもOKです。クスクスにはトマトを合わせ、
底に敷いて蒸し煮にすることで、肉のうまみとトマトの酸味を吸わせます。

● Meat Étuvée

手作りハーブソーセージとトマトのクスクス
Herb Sausage with Couscous and Tomato

材料（2～3人分）

A
- 合びき肉 … 300g
- にんにく（みじん切り）… 1かけ
- ミントの葉（粗く刻む）… 8枚
- タイム（生・葉をしごく）… 4本
- パン粉 … 大さじ2
- ケチャップ … 小さじ1
- 塩 … 小さじ1/3
- クスクス、熱湯 … 各3/4カップ
- 塩 … 少々

トマト（2cm角に切る）… 小2個（200g）
オリーブ油 … 少々

作り方

1. クスクスは熱湯と塩を加え、ラップをかけて5分蒸らす。トマトは塩少々（分量外）をふる。
2. ボウルにAを入れ、粘りが出るまで手で練り混ぜ、10等分して棒状にまとめる。オリーブ油を熱したフライパンに入れ、中火で転がしながら全体をこんがり焼いて取り出し、脂はペーパーでふく。
3. 続けてトマト（汁ごと）、クスクスの順に入れ、2をのせ、ふたをして弱めの中火で3分蒸し煮にする。器に盛り、ミントとタイム（分量外）をちぎってのせる。

にんじんのスパイシースープ　　　　　　　　　Side dish

にんじんはクミンで香りをつけ、蒸し煮にすることで甘みを引き出します。
牛乳や豆乳で割って、まろやかな味に仕上げても合います。

材料（2～3人分）

A
- にんじん（薄い半月切り）… 1本
- 玉ねぎ（薄切り）… 1/4個
- クミンシード … 小さじ1/2
- 塩 … 小さじ1/3

B
- プチトマト（縦半分に切る）… 4個
- 水 … 大さじ2

水 … 1 1/2カップ
オリーブ油 … 大さじ1/2
生クリーム（あれば）… 大さじ2

作り方

1. 鍋にオリーブ油を熱し、Aを中火で炒め、玉ねぎが透き通ったらBを加え、ふたをして弱火で20分蒸し煮にする。
2. にんじんがやわらかくなったら、水を加えて煮立たせ、粗熱がとれたらミキサーにかけ、塩（分量外）で味を調える。器に盛り、生クリームを回しかける。

セロリの
塩昆布豆腐あえ

14.
牛肉とれんこんのゆずこしょう蒸し
Beef & Lotus Root with Yuzu Kosho

ゆずこしょうのさわやかな風味で、牛肉がさっぱりと食べられます。
脂が多めの牛こま切れ肉などで作っても、あっさりとしたあと味に。
れんこんはごま油をかけて蒸すことで、コクをプラスします。
薄切りの大根、きのこ、長ねぎ、レタスで作ってもいいですね。

● Meat Étuvée

牛肉とれんこんのゆずこしょう蒸し
Beef & Lotus Root with Yuzu Kosho

材料 （2～3人分）

- 牛薄切り肉（半分に切り、塩をふる）… 150g
- 塩 … 小さじ1/4
- れんこん（5mm幅の輪切り）… 小1節（120g）
- ごま油 … 小さじ1
- A
  - ゆずこしょう … 小さじ1/2
  - 酒 … 大さじ1 1/2

作り方

1. フライパンに水1/4カップを入れ、れんこんを並べてごま油をかけ、牛肉を広げてのせる。混ぜたAを回しかけ、ふたをして中火にかける。
2. 煮立ったら弱めの中火にし、5分蒸し煮にする。

セロリの塩昆布豆腐あえ

Side dish

白あえ風のさっぱりとした一品は、
塩昆布の塩けとうまみが調味料がわり。
時間がたつと水けが出てくるので、
あえたらすぐに食べてください。

材料 （2～3人分）

- セロリ（茎は斜め薄切り、葉はざく切り） … 1本
- A
  - 塩昆布 … 大さじ1
  - ごま油、白すりごま … 各小さじ1
- 木綿豆腐（キッチンペーパーで水けをふく） … 1/3丁（100g）

作り方

1. ボウルにセロリ、Aを入れてさっとあえ、豆腐を加えて軽くつぶしながら混ぜる。器に盛り、白すりごま（分量外）をふる。

◆ Meat Étuvée

15. 牛肉とクレソンのしょうがじょうゆ蒸し
Beef & Watercress with Ginger and Soy Sauce

昆布だしで蒸した牛肉を、しょうがじょうゆでさっぱりといただきます。
春菊、みつば、せりで作っても。ポン酢で食べても合います。

材料（2〜3人分）

- 牛薄切り肉（半分に切る）… 200g
- クレソン（茎は2〜3cm幅に切り、葉はざく切り）… 3束（120g）
- しょうが（せん切り）… 1かけ
- A
  - 昆布 … 5cm角1枚
  - 酒 … 大さじ1
  - 水 … 1/4カップ
- しょうゆ … 大さじ2

作り方

1. フライパンにAを入れ、牛肉を広げてのせ、ふたをして中火にかける。
2. 煮立ったらクレソンを加え、ふたをして弱めの中火で4〜5分蒸し煮にする。器に盛ってしょうがをのせ、しょうゆをかけて食べる。

Chapter.3
Fish & Seafood Étuvée

🍳 魚の蒸し煮

短い加熱時間でもうまみが出るのが、魚介の魅力。
まず、塩をふって出てきた余分な水分をふいたり、
皮目をこんがり焼きつけ、くさみをとるのを忘れずに。
重ねて蒸す野菜の水分のおかげで、魚はしっとり、
魚のだしがしみた野菜も、ごちそうになります。
辛みや酸味、コクのあるたれやクリームを合わせ、
ごはんがすすむおかずに仕上げました。

1.
かじきと白菜のにらだれ蒸し
Swordfish & Chinese Cabbage with Chive Sauce

かじきは短時間で火を通し、しっとり、ふっくらと仕上げます。
白菜は細く切って、火が入りやすく。レタスで作ってもOKです。
たれのにらには熱したごま油をかけ、少ししんなりさせるのがコツ。
このたれを豆腐にかけたり、豚薄切り肉、鶏肉、たらで作っても。
⇒作り方は60ページ

2. かじきの中華トマトだれ蒸し
Swordfish in Chinese Tomato Sauce

フレッシュトマトで作るたれは、香味野菜とオイスター、豆板醤のチリソース風の味でごはんがすすみます。ブロッコリー、アスパラ、えびやいかで作っても。
⇒作り方は60ページ

3. 鮭のゆず白みそだれ蒸し
Salmon in White Miso and Yuzu Sauce

甘めの白みそだれに、ゆずの香りを添えた和風のひと皿。野菜がこげないよう、最初に水を少し入れるのがポイント。長いもや里いも、好みのきのこを使っても。
⇒作り方は61ページ

4. たらとかぶの青のりクリーム蒸し
Cod & Turnip in Green Laver Cream

フランスで定番の「海藻バター」をヒントにしたひと皿。
野菜はじゃがいも、ブロッコリー、ズッキーニでも。
青のりは最後に加え、香りを立たせます。
⇒作り方は62ページ

5. たらとわかめのキムチ蒸し
Cod & Wakame Seaweed with Kimchi

オーブンシートで包んで蒸すことで、
たらはふっくらと。パンチのあるキムチだれで、
わかめがどっさり食べられます。
かじき、鯛、すずきで作るのもおすすめ。
⇒作り方は62ページ

6.
鯛とアスパラのビネガー蒸し
Sea Bream & Asparagus with White Wine Vinegar

鯛は皮目を香ばしく焼きつけ、セロリの香りと合わせて
くさみを消して。野菜とともにビネガーで蒸し煮にした、
さっぱりと軽いメインディッシュです。仕上げにバターを加え、
煮詰めてコクのあるソースに。魚はたら、すずき、生鮭、
セロリは玉ねぎや長ねぎ、キャベツやブロッコリーで作っても。
⇒作り方は63ページ

Fish & Seafood Étuvée

1. かじきと白菜のにらだれ蒸し
Swordfish & Chinese Cabbage with Chive Sauce

材料（2～3人分）

- かじきの切り身（塩をふり、水けをふく）
  … 2～3枚（240g）
- 塩 … 小さじ1/3
- 白菜（横1.5cm幅に切る）… 1/8株（250g）
- 酒 … 大さじ2
- 【にらだれ】
- A
  - にら（小口切り）… 1/2束
  - 酢 … 小さじ1/2
  - 豆板醤 … 小さじ1/3
  - 塩 … 小さじ1/4
- ごま油 … 大さじ2 1/2

作り方

1. 耐熱ボウルにAを入れ、フライパンで煙が出るまで熱したごま油を加えて混ぜる（やけどに注意）。
2. 続けてフライパンに白菜、塩ひとつまみ（分量外）を入れてさっと混ぜ、水1/4カップを加え、かじきをのせて酒を回しかけ、ふたをして弱めの中火で4～5分蒸し煮にする。器に盛り、1をかける。

2. かじきの中華トマトだれ蒸し
Swordfish in Chinese Tomato Sauce

材料（2～3人分）

- かじきの切り身（塩をふり、水けをふく）
  … 2～3枚（240g）
- 塩 … 小さじ1/3
- チンゲンサイ（長さを半分に切り、芯は縦に薄切り）… 小2株
- 酒 … 大さじ1
- 【中華トマトだれ】
- トマト（ざく切り）… 小2個（200g）
- A
  - 長ねぎ（みじん切り）… 10cm
  - にんにく（みじん切り）… 1かけ
  - しょうが（みじん切り）… 1/2かけ
- B
  - オイスターソース … 大さじ2
  - 豆板醤 … 小さじ2
  - 砂糖 … ひとつまみ
- ごま油 … 大さじ1

作り方

1. フライパンにごま油小さじ1（分量外）を熱し、チンゲンサイを中火でさっと炒めて脇に寄せる。ごま油、Aを加え、香りが出たらトマトを加えて少し角がとれるまで炒め、Bを加えてさっと混ぜ、トマトの上にかじきをのせて酒を回しかけてふたをする。
2. 煮立ったら弱めの中火にし、4～5分蒸し煮にする。器にチンゲンサイ、かじきを盛り、たれをかける。

3. 鮭のゆず白みそだれ蒸し
Salmon in White Miso and Yuzu Sauce

材料 (2〜3人分)

- 生鮭の切り身(3等分に切り、塩をふって水けをふく)…2枚(200g)
- 塩…小さじ1/3
- 長ねぎ(1cm幅の斜め切り)…1本
- 生しいたけ(薄切り)…4枚
- 【ゆず白みそだれ】
- 白みそ…大さじ1 1/2
- 酒…大さじ1
- 水…大さじ2
- しょうゆ…小さじ1/4
- 砂糖…ふたつまみ
- ゆずの皮(すりおろす)…少々

作り方

1. フライパンに水大さじ1、長ねぎとしいたけを入れ、鮭をのせ、混ぜたたれを回しかけ、ふたをして弱めの中火で5〜6分蒸し煮にする。

【白みそ】米麹で作る米みそで、大豆に対する米麹の割合が大きく、塩分も少なめで甘みが強いのが特徴。白あえに砂糖のかわりに加えたり、豆乳スープに入れても美味。

Point

フライパンに水、長ねぎとしいたけを入れ、鮭をのせたら、混ぜたたれを鮭にかける。たれは水でゆるめ、かけやすくして。これで、白みそとゆずの香りが鮭にじっくりしみ込む。

● Fish & Seafood Étuvée

4. たらとかぶの青のりクリーム蒸し
Cod & Turnip in Green Laver Cream

材料（2〜3人分）

- 生だらの切り身（2〜3等分に切って塩をふり、20分おいて水けをふき、小麦粉をまぶす）… 2〜3枚（300g）*
  - 塩 … 小さじ½
  - 小麦粉 … 小さじ2
- かぶ（皮をむき、1.5cm角に切る）… 2個
- 白ワイン … 大さじ2
- オリーブ油 … 大さじ1
- 【青のりクリーム】
  - A
    - 生クリーム … ½カップ
    - しょうゆ … 小さじ¼
    - 水 … 大さじ2
- 青のり … 小さじ2

＊甘塩だらを使う場合は、塩はなしに

作り方

1. フライパンにオリーブ油を熱し、たらを中火で皮目から両面をこんがり焼き、脇にかぶを加えて塩少々（分量外）をふり、さっと炒める。
2. 白ワインを加え、煮立ったらAを回しかけ、再び煮立ったらふたをして弱めの中火で4〜5分蒸し煮にする。青のりを加え、ひと混ぜする。

5. たらとわかめのキムチ蒸し
Cod & Wakame Seaweed with Kimchi

材料（2〜3人分）

- 生だらの切り身（塩をふって20分おき、水けをふいて酒をふる）… 2〜3枚（300g）*
  - 塩 … 小さじ½
  - 酒 … 小さじ2
- 塩蔵わかめ（水で戻し、食べやすく切る）… 30g
- 【キムチだれ】
  - 白菜キムチ … 70g
  - みそ、ごま油 … 各小さじ2
  - 水 … 大さじ1

＊甘塩だらを使う場合は、塩はなしに

作り方

1. オーブンシート（30×40cm）にたらをのせ、混ぜたたれをかけ、わかめを添えて包む。
2. フライパンに1、水½カップを入れ、ふたをして中火にかけ、煮立ったら弱めの中火で5分蒸し煮にする。

Point

オーブンシートに材料をのせたら、シートを上で重ねて2回折りたたみ、両端をキャンディのように絞って閉じる。これで、中でうまみがぎゅっと凝縮する。

6. 鯛とアスパラのビネガー蒸し
Sea Bream & Asparagus with White Wine Vinegar

材料 （2～3人分）

- 鯛の切り身（塩をふり、水けをふく）
  … 3枚（240g）*
- 塩 … 小さじ½
- グリーンアスパラ（下のかたい皮を
  ピーラーでむき、4cm幅に切る）… 6本
- セロリ（みじん切り）… 1本
- **A**
  - 白ワイン … ¼カップ
  - 白ワインビネガー … 大さじ2
- 水 … 大さじ2
- バター … 大さじ1½
- チャービル（あれば）… 適量

＊またはたら、すずきなど

作り方

1. フライパンにバター小さじ1（分量外）を溶かし、鯛を中火で皮目からこんがり焼いて裏返す。脇にバター小さじ1（分量外）、セロリを加えて透き通るまで炒め、アスパラを加えて鯛をのせる。
2. Aを回しかけ、煮立ったら水を加え、ふたをして弱めの中火で4～5分蒸し煮にする。
3. 鯛を取り出し、バターを加えて火を強めて軽く煮詰め、器に盛った鯛にかけ、チャービルをのせる。

＊カンパーニュを添える

【 白ワインビネガー 】白ぶどうの果汁で作られた酢で、さわやかな酸味が特徴。なければレモン汁で代用を。ビネガー1対オリーブ油3の割合でドレッシングを作るとおいしい。

Point

鯛は、皮目を中火でしっかり焼きつけるのがポイント。生ぐささの原因になる皮目をこんがり焼くことで、特有のくさみが消え、香ばしさも出てぐっとおいしく。

セロリを炒めてアスパラを加えたら、焼きつけた鯛をのせ、白ワイン、白ワインビネガーを回しかける。ビネガーのさわやかな風味が、鯛と野菜に回っておいしく。

トマトとみょうがのサラダ

7. さばとさつまいものマスタード蒸し
Mackerel & Sweet Potato in Mustard Sauce

和食のイメージがあるさばを、さつまいもと合わせて和洋折衷の味わいに。
さばは皮目をにんにくとともに焼きつけ、香りよく。
甘辛じょうゆに粒マスタードの酸味を合わせたたれは、ごはんにぴったりです。
さつまいものかわりに、じゃがいもや里いもで作っても。

● Fish & Seafood Étuvée

さばとさつまいものマスタード蒸し
Mackerel & Sweet Potato in Mustard Sauce

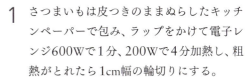

材料 （2〜3人分）

- さば（二枚おろし・半分に切って塩をふり、水けをふいて小麦粉をまぶす）… 1尾分（300g）
  - 塩 … ひとつまみ
  - 小麦粉 … 小さじ2
- さつまいも … 小1本（200g）
- にんにく（薄切り）… 1かけ
- バター … 大さじ1
- オリーブ油 … 大さじ1
- 【マスタードだれ】
- 粒マスタード、酒 … 各大さじ1
- 水 … 大さじ2
- しょうゆ、みりん … 各小さじ2
- 砂糖 … 小さじ1

作り方

1. さつまいもは皮つきのままぬらしたキッチンペーパーで包み、ラップをかけて電子レンジ600Wで1分、200Wで4分加熱し、粗熱がとれたら1cm幅の輪切りにする。
2. フライパンにオリーブ油、にんにくを入れて弱火にかけ、香りが出たらさばを加え、中火で皮目からこんがり焼く（途中でにんにくがこげそうなら、さばの上にのせて）。さばを裏返して脂をペーパーでふき、混ぜたたれを回しかけ、煮立ったらふたをして弱めの中火で3〜4分蒸し煮にする。
3. 1を加え、ふたをしてさらに1分蒸し煮にし、バターをからめる。

トマトとみょうがのサラダ

Side dish

みょうがはビネガーとあえることで、
きれいに発色させるのがポイント。
はちみつ入りのやや甘めのドレッシングが、
トマトの酸味のさっぱり感と好相性です。

材料 （2〜3人分）

- ミディトマト（縦4等分に切る）… 6個（200g）
- A
  - オリーブ油 … 大さじ1
  - 白ワインビネガー（または酢）、はちみつ … 各小さじ1
  - 塩 … 小さじ1/3
- B
  - みょうが（縦半分に切り、斜め薄切り）… 2本
  - 白ワインビネガー（または酢）… 小さじ1
  - 塩 … 少々

作り方

1. ボウルにAを入れて混ぜ、トマトを加えてあえ、器に盛って混ぜたBをのせる。

● Fish & Seafood Étuvée

8.
えびとズッキーニの
ガーリックレモン蒸し
Prawn & Zucchini with Garlic and Lemon

にんにくの香りにバターを合わせた、みんなが好きな味わい。
レモンは最後に絞ってさわやかに。加熱3分ですぐに完成します。

材料（2～3人分）

殻つきえび（ブラックタイガーなど・尾を残して
　殻をむき、背ワタを除く）… 10尾（180g）
ズッキーニ（1cm幅の輪切り）… 1本
にんにく（つぶす）… 1かけ
白ワイン … 大さじ2
A｜ナンプラー、バター … 各小さじ1
オリーブ油 … 小さじ2
香菜（ざく切り）、レモン … 各適量
　シャンツァイ

作り方

1　フライパンにオリーブ油、にんにくを入れて弱火にかけ、香りが出たらズッキーニを加え、中火で薄く色づくまで炒める。

2　えび、白ワインを加え、煮立ったらふたをして弱めの中火で3分蒸し煮にし、Aを加えてさっと混ぜる。器に盛って香菜をのせ、レモンを添える。

＊青じそごはん（ごはん茶碗2杯分に、青じそのみじん切り5枚分を混ぜたもの）を添える

Chapter.4

Tofu & Beans
Étuvée

🍳 豆腐と豆の蒸し煮

ヘルシーな豆腐と豆は、実はフライパン蒸し煮に最適。
どちらも蒸すことで、驚くほどふっくらとし、
たっぷりの野菜と合わせれば、ボリュームも満点です。
淡泊な味わいなので、少し濃いめの味つけがポイント。
オイルを気持ち多めに加えたり、香味野菜やスパイス、
豆板醤やコチュジャンなどの辛みをしっかりきかせると、
白いごはんに合うメインのおかずが次々生まれます。

1.
豆腐となすのよだれ鶏風
Tofu & Eggplant with Szechuan-style Spicy Sauce

片栗粉をまぶしてこんがり焼いた豆腐は、コクたっぷり。
これをなすにのせて蒸すことで、油を吸ってジューシーになります。
よだれ鶏風のたれは、黒酢に香味野菜、豆板醤を合わせ、
シンプルだけれどこっくり味に仕上げました。
豆腐のかわりに、鶏むね肉やささみで作っても美味です。
⇒作り方は72ページ

2. 豆腐とあさりの韓国だれ蒸し
Tofu & Clam in Korean Spicy Sauce

コチュジャン入りのピリ辛だれで、あさりのうまみも抜群。
どっさりの長ねぎはあとから加え、香りと食感を残します。
生卵を落としたり、ごはんにかけて食べてもおいしい。
⇒作り方は72ページ

3. 豆腐のピーマンしらすしょうが蒸し
Tofu with Green Pepper, Dried Whitebait, and Ginger

豆腐は昆布とともに蒸して、だしの風味をうつします。
ピーマンとしらすには、多めのしょうがを合わせるのがミソ。
オリーブ油でコクと香りもまとわせ、リッチな味わいに。
⇒作り方は73ページ

4.
厚揚げとトマトのキムチクリーム蒸し
Thick Fried Tofu in Kimchi Cream

キムチと生クリームのコンビは、私の好きな組み合わせ。
おいしさの決めてはトマトで、くったり蒸し煮にすることで、
さわやかな酸味とうまみを全体にいきわたらせます。
厚揚げは先に香ばしく焼き、食べごたえを出すのがポイント。
半量に減らし、えのきやマッシュルームを加えて軽やかにしても。
⇒作り方は74ページ

5.
厚揚げとさつまいものカレー蒸し
Thick Fried Tofu & Sweet Potato with Curry Powder

スパイシーなカレー風味に、さつまいもの甘みが相性抜群。
香味野菜と炒めた厚揚げは、肉なしでもボリューム満点です。
きのこは味が出るので、家にあるものを何か1つ入れて。
みそを少し加えることで、ごはんに合う味わいになります。
仕上げにチーズをのせると、コクが出るのでおすすめ。
⇒作り方は75ページ

● Tofu & Beans Étuvée

1. 豆腐となすのよだれ鶏風
Tofu & Eggplant with Szechuan-style Spicy Sauce

材料 （2〜3人分）

| 木綿豆腐（縦半分に切って1.5cm幅に切り、水けをふいて片栗粉をまぶす）… 1丁（300g）
| 片栗粉 … 大さじ1
なす（長さを半分に切り、縦1.5cm幅に切る）… 2本
A｜サラダ油、水 … 各大さじ1
サラダ油 … 大さじ1
万能ねぎ（小口切り）… 適量
【香味だれ】
黒酢、しょうゆ … 各大さじ1
ごま油 … 小さじ2
みそ … 小さじ1
砂糖 … 小さじ1弱
豆板醤 … 小さじ½
にんにく、しょうが（ともにすりおろす）… 各½かけ

作り方

1 フライパンにサラダ油を熱し、豆腐を中火で両面に薄く焼き色がつくまで焼き、取り出す。

2 続けてAを入れ、なすを並べて1をのせ、ふたをして弱めの中火で10分蒸し煮にする。器に盛って混ぜたたれをかけ、万能ねぎをのせる。

2. 豆腐とあさりの韓国だれ蒸し
Tofu & Clam in Korean Spicy Sauce

材料 （2〜3人分）

木綿豆腐（2cm幅のひと口大に切る）… 1丁（300g）
あさり（砂出しする）… 小1パック（150g）*
長ねぎ（斜め薄切り）… 1本
【韓国だれ】
コチュジャン、みそ … 各大さじ1
酒 … 大さじ2
ごま油 … 小さじ2
しょうゆ … 小さじ1½
にんにく（すりおろす）… ½かけ

作り方

1 フライパンに水¼カップ、豆腐、あさりを入れ、混ぜたたれを回しかけ、ふたをして中火にかける。

2 煮立ったら弱めの中火で4〜5分蒸し煮にし、あさりの口が開いたら長ねぎを加え、ふたをしてさらに1分蒸し煮にする。

＊あさりの砂出しのしかたは、26ページ参照

3. 豆腐のピーマンしらすしょうが蒸し
Tofu with Green Pepper, Dried Whitebait, and Ginger

材料 （2〜3人分）

絹ごし豆腐（縦半分に切り、1.5cm幅に切る）
　… 1丁（300g）
昆布（4等分の細切り）… 5cm角1枚

A
| 塩 … 少々
| 酒 … 小さじ1

B
| ピーマン（縦4等分に切り、横にせん切り）
|　… 2個
| しょうが(せん切り) … 1かけ
| しらす … 大さじ4
| オリーブ油 … 大さじ2
| 塩 … 小さじ1/3

作り方

1. フライパンにオーブンシートを敷き（はみ出た部分は燃えないよう中に折り込む）、昆布を入れ、豆腐を並べてAをふり、混ぜたBを広げてのせる。
2. シートの下に水1/4カップを入れ、ふたをして中火にかけ、煮立ったら弱めの中火で5分蒸し煮にする。器に盛ってオリーブ油、塩（ともに分量外）をかけて食べる。

Point

フライパンに豆腐を隙間なく並べたら、ピーマン、しょうが、しらす、オリーブ油、塩を混ぜたものをのせる。これで、トッピングのうまみが豆腐にいきわたる。

具材を入れたら、オーブンシートの下に水1/4カップを加える。シートを敷いて水を加えて蒸し煮にすることで、こげやすい豆腐もしっとりと仕上がる。

● Tofu & Beans Étuvée

4. 厚揚げとトマトのキムチクリーム蒸し
Thick Fried Tofu in Kimchi Cream

材料（2〜3人分）

厚揚げ（3cm角に切る）… 2枚（400g）
トマト（2cm角に切る）… 小2個（200g）
白菜キムチ … 60g
長ねぎ（斜め薄切り）… 1本
A｜コチュジャン、酒 … 各小さじ2
　｜しょうゆ … 小さじ½
生クリーム … ¾カップ
サラダ油 … 小さじ1

作り方

1. フライパンにサラダ油を熱し、厚揚げを中火でこんがり炒め、脇に長ねぎを加えてしんなり炒め、トマト、キムチ、Aを加えて全体に混ぜる。
2. 生クリームを回しかけ、煮立ったらふたをして弱めの中火で3分蒸し煮にする。

Point

厚揚げは中火で転がしながら、全体に焼き色がつくまで炒める。これで食べごたえが出て、香ばしさがうまみに変わり、ぐっとおいしく蒸し上がる。

長ねぎを炒め、トマト、キムチ、調味料を加えて全体になじませたら、生クリームを回しかける。キムチの風味に生クリームのコクが加わり、濃厚なおいしさに。

5. 厚揚げとさつまいものカレー蒸し
Thick Fried Tofu & Sweet Potato with Curry Powder

材料 （2〜3人分）

厚揚げ（3cm角に切る）… 1枚（200g）
さつまいも（1cm幅のいちょう切り）
　… 小½本（100g）
パプリカ（赤・2cm角に切る）… ½個
まいたけ（ほぐす）… 1パック（100g）
玉ねぎ（薄切り）… ½個
にんにく、しょうが（ともにみじん切り）
　… 各½かけ

A | カレー粉 … 大さじ1
　| 塩 … ひとつまみ

酒 … 大さじ1

B | ケチャップ … 大さじ1
　| みそ … 小さじ1½
　| 豆板醬 … 小さじ⅓
　| 水 … ½カップ

サラダ油 … 大さじ2
ピザ用チーズ … 適量

Point

厚揚げを焼き色がつくまで炒めたら、脇に玉ねぎを加え、中火でしんなりするまで炒める。玉ねぎにしっかり火を通すことで、甘みとうまみが出る。

ケチャップ、みそ、豆板醬を加えたら、その部分に水½カップを少しずつ加えて調味料を溶く。溶けにくいみそや豆板醬も、こうすると全体に味がいきわたる。

作り方

1. フライパンにサラダ油、にんにく、しょうがを入れて中火にかけ、香りが出たら厚揚げを加えてこんがり炒める。脇に玉ねぎを加えてしんなり炒め、さつまいも、パプリカ、まいたけ、Aを加えてさっと炒める。
2. 酒を回しかけ、Bを加えて溶きのばし、煮立ったらふたをして弱めの中火で12分蒸し煮にする。器に盛り、チーズをのせる。

アボカドの冷製スープ

6.
豆とベーコンのスパイス蒸し
Beans & Bacon with Spices

スパイスで野菜を蒸し煮にするインドの家庭料理・サブジをアレンジしました。
ほくっとしたビーンズに、スパイスの香りとベーコンのコクが相まって、
白いごはんがすすむ味。やや多めのオイルと、塩のきかせ方がコツです。
豆を大豆やひよこ豆に、ししとうをピーマンにして作っても。

● Tofu & Beans Étuvée

豆とベーコンのスパイス蒸し
Beans & Bacon with Spices

材料（2～3人分）

A ┃ キドニービーンズ（水煮・汁けをきる）
　┃ 　… 200g（正味）
　┃ トマト（1cm角に切る）… 小2個（200g）
　┃ オクラ（1cm幅に切る）… 8本
　┃ ししとう（小口切り）… 4本
ベーコン（1.5cm幅に切る）… 3枚
玉ねぎ（粗みじん切り）… 1/3個
しょうが（みじん切り）… 1かけ
クミンシード … 小さじ1/2
B ┃ コリアンダーパウダー … 小さじ1
　┃ 塩 … 小さじ1/2
　┃ チリペッパー（または一味唐辛子）… 少々
サラダ油 … 大さじ2
ガラムマサラ（あれば）… 少々
ライム（またはレモン）… 1/2個

作り方

1. フライパンにサラダ油、クミンを入れて中火にかけ、香りが出たらベーコン、玉ねぎ、しょうが、塩少々（分量外）を加え、玉ねぎが薄く色づくまで炒める。
2. A、Bを加えてさっと混ぜ、ふたをして弱めの中火で5分蒸し煮にする。器に盛ってガラムマサラをふり、ライムを添えて絞って食べる。

アボカドの冷製スープ　　　　　　　Side dish

濃厚なアボカドにヨーグルトを合わせ、すっきりした味わいに。
玉ねぎは、塩とライムの絞り汁で辛みをとるのがポイント。

材料（2～3人分）

アボカド（種と皮を除く）… 1個
プレーンヨーグルト … 大さじ4
玉ねぎ（薄切り）… 1/6個
A ┃ ライムの絞り汁（またはレモン汁）… 小さじ1
　┃ 塩 … 小さじ1/3
B ┃ 固形スープの素 … 1/2個
　┃ 湯 … 1 1/4カップ
ライムの皮（あれば・すりおろす）、
　　チリペッパー（または一味唐辛子）… 各少々

作り方

1. 玉ねぎはAをもみ込み、Bは混ぜて粗熱をとる。
2. アボカド、ヨーグルト、1をミキサーにかけ、冷蔵室で冷やす。器に盛ってライムの皮を散らし、チリペッパーをふる。

＊色が変わりやすいので、作った当日に食べるのがおすすめ

● Tofu & Beans Étuvée

7. グリーンピースとベーコンのフランス風
Peas & Bacon in French style

鮮やかなグリーンピースが魅力的な、フランスで定番の家庭料理です。
肉料理のつけ合わせや前菜としても。ミントを加えても美味。

材料 （2〜3人分）

グリーンピース（冷凍）… 2カップ（200g）
A ┃ ベーコン（1.5cm幅に切る）… 2枚
　 ┃ 玉ねぎ（粗みじん切り）… 1/2個
レタス（縦半分に切り、横半分にちぎる）
　… 1/2個
B ┃ 固形スープの素 … 1/4個
　 ┃ 水 … 1/2カップ
塩 … ひとつまみ
こしょう … 少々
バター … 小さじ1

作り方

1. フライパンにバターを溶かし、Aを中火で炒め、玉ねぎが透き通ったらグリーンピース、レタス、Bを加え、煮立ったらふたをして弱めの中火で5分蒸し煮にする。
2. 火を止めてバター小さじ1（分量外）をからめ、塩、こしょうで味を調える。

Chapter.5
Special Étuvée

🍳 ごちそう蒸し煮

ごちそう感とボリューム感があって、見栄えも満点。
お祝いの日やおもてなしに最適な蒸し煮を集めました。
底面積が広いフライパンなら、4人分だって一気に完成。
少ない水分で早く、均一に火が通り、失敗知らずです。
いつもの鶏もも肉や豚薄切り肉、ひき肉だって、
くるくる巻いたり、大きく重ねたりすることで、
ゲストが喜ぶ華やかなメニューに変身します。

1.
鶏肉とソーセージのサルサベルデソース
Chicken Legs & Sausage with Salsa Verde

鶏の骨つき肉から出るだしを野菜にじっくり吸わせていただく、
ボリューム感のある蒸し煮です。肉は手羽元や手羽先、鶏もも肉でも。
さわやかなハーブをベースに、ビネガーで酸味をきかせた、
イタリア料理のグリーンのソースをかけていただきます。
ソースのハーブは2種類入れると、複雑な味わいになっておいしい。
⇒作り方は84ページ

2.
ロール蒸し鶏
Stuffed Chicken Roll

鶏肉で青じそをくるりと巻き、野菜とともに蒸し煮にした、さっぱりとさわやかなひと皿。鶏のうまみがうつった野菜が最高においしいので、ぜひたっぷり加えて。
青じそをバジルにし、ブロッコリーやキャベツを合わせてイタリアン風になど、バリエーションも楽しめます。
⇒作り方は84ページ

3.
豚バラロールとかぶのバルサミコ蒸し
Rolled Pork & Turnip with Balsamic Vinegar

豚バラ薄切り肉に、にんにくやチーズで下味をつけ、
くるくる4枚巻きつけた、やわらかくてコクのある肉巻き。
それをバルサミコ酢とレーズンで蒸し煮にすれば、
手軽に作れるのに一気にごちそうに。レーズンがない場合は、
砂糖かはちみつを小さじ½から1足すと、甘みが出て美味です。
⇒作り方は85ページ

4. ひき肉とキャベツの 和風ロールキャベツ風
Stuffed Cabbage Roll in Japanese style

肉だねは豚ひきと鶏ひきを合わせ、豆腐としいたけも加え、
さっぱりしつつもジューシーに。和風で軽さのあるロールキャベツは、
母直伝の味です。キャベツはしっかり下ゆですると、甘みがアップ。
蒸し煮にする前に中火で焼きつけることで、香ばしさも出ます。
包まずに大きく作り、ケーキのように切り分けて。翌日食べても美味です。
⇒作り方は85ページ

● Special Étuvée

1. 鶏肉とソーセージのサルサベルデソース
Chicken Legs & Sausage with Salsa Verde

材料（3〜4人分）

鶏もも骨つき肉（ぶつ切り・塩、こしょうを
　もみ込み、15分おいて水けをふく）
　… 大1本（300g）
塩 … 小さじ½
こしょう … 少々
A｜
　フランクフルトソーセージ … 4本
　じゃがいも（4〜5cm大の乱切り）… 3個（450g）
　にんじん（ピーラーで薄切りにする）… 1本
　セロリ（7〜8cm長さの薄切り）… 1本
白ワイン … ¼カップ
B｜
　ローリエ … 1枚
　水 … 2カップ

【サルサベルデソース】
イタリアンパセリ、ディル
　（生・ともにざく切り）… 合わせて20g
ケッパー … 10粒
にんにく（薄切り）… 1かけ
オリーブ油 … ¼カップ
レモン汁 … 大さじ1
白ワインビネガー（または酢）… 小さじ2
塩 … 小さじ⅓

作り方

1 フライパンを何もひかずに熱し、鶏肉を中火で全体をこんがり焼きつける。A、白ワインを加え、煮立ったらBを加えてふたをし、再び煮立ったら弱めの中火で15分蒸し煮にする。

2 器に盛り、材料すべてをミキサーにかけたサルサベルデソースを添え、かけて食べる。

2. ロール蒸し鶏
Stuffed Chicken Roll

材料（3〜4人分）

鶏もも肉 … 小2枚（500g）
A｜
　塩、こしょう … 各少々
　にんにく（すりおろす）… ½かけ
　白ワイン … 大さじ2
青じそ … 6枚
大根（1cm角の棒状に切る）… 7cm
いんげん（半分に切る）… 20本
B｜
　にんにく … ½かけ
　アンチョビ（フィレ）… 3枚（12g）
塩 … 小さじ¼
水 … 1カップ
オリーブ油 … 小さじ1

作り方

1 鶏肉はまん中から左右に切り込みを入れて厚みを均一にし、皮目を下にして身のほうにAを順にもみ込む。青じそを3枚ずつのせ、手前からきつめにくるくる巻き、皮目に塩をふる。

2 フライパンにオリーブ油、1（巻き終わりを下にして）を入れて中火にかけ、脇にBを入れてつぶし、香りが出たら大根、いんげんを加えてさっと炒める。

3 水を加え、煮立ったらふたをして弱めの中火で15分蒸し煮にし、鶏肉を食べやすく切って器に盛る。

3. 豚バラロールとかぶのバルサミコ蒸し
Rolled Pork & Turnip with Balsamic Vinegar

材料 （3〜4人分）

豚バラ薄切り肉 … 16枚（400g）
A ┃ 塩 … 小さじ2/3
　┃ こしょう … 少々
　┃ にんにく（すりおろす） … 1かけ
　┃ パルメザンチーズ … 大さじ1
小麦粉 … 大さじ1
B ┃ かぶ（皮ごと8等分のくし形に切り、
　┃ 　横半分に切る） … 2個
　┃ 玉ねぎ（8等分のくし形切り） … 1個
バルサミコ酢 … 大さじ2
C ┃ レーズン … 大さじ2
　┃ 水 … 1/2カップ
しょうゆ … 小さじ1/2
オリーブ油 … 小さじ1/2

作り方

1. 豚肉は**A**を等分して順にふり、1枚ずつ巻いて4枚重ね、小麦粉をまぶす。
2. フライパンにオリーブ油を熱し、**1**を強めの中火で両面をこんがり焼き（脂はペーパーでふく）、脇に**B**、塩ひとつまみ（分量外）を加えてこんがり炒める。
3. バルサミコを回しかけ、煮立ったら**C**を加え、再び煮立ったらふたをして弱めの中火で15分蒸し煮にし、しょうゆをからめる。

Point
豚肉は1枚ずつ広げ、**A**を等分して順にふり、1枚をくるくる巻いたら、次の1枚を重ねて巻き、4枚重ねる。これを4つ作る。

---

4. ひき肉とキャベツの和風ロールキャベツ風
Stuffed Cabbage Roll in Japanese style

材料 （3〜4人分）

キャベツ … 大6〜7枚
豚ひき肉 … 200g
鶏ひき肉 … 100g
A ┃ 塩 … 小さじ2/3
　┃ 木綿豆腐 … 1/3丁（100g）
　┃ 玉ねぎ（みじん切り） … 1/2個
　┃ 生しいたけ（みじん切り） … 2枚
　┃ 卵 … 1個
　┃ パン粉 … 1/2カップ
B ┃ 酒 … 大さじ1
　┃ ローリエ … 1枚
　┃ 水 … 3/4カップ
サラダ油 … 大さじ1

作り方

1. フライパンに湯を沸かして塩少々（分量外）を加え、キャベツを3分ゆでる。ひき肉はボウルに入れ、**A**を順に加えてそのつど粘りが出るまで手で練り混ぜ、直径18cm×厚さ3cmにまとめる。
2. フライパンにサラダ油を入れ、キャベツの半量（広げて）⇒**1**の肉だね⇒残りのキャベツ（広げて）の順にのせ、ふたをして中火にかけて3分焼きつける。
3. **B**を加え、煮立ったらふたをして弱めの中火で15分蒸し煮にし、塩（分量外）で味を調える。好みで山椒塩（粉山椒と塩を1対1で混ぜたもの）をつけて食べる。

＊カンパーニュを添える

ルッコラといちじくのサラダ

5. 鯛とあさりのアクアパッツァ
Aqua Pazza with Sea Bream & Clam

手軽に作れるごちそう風の蒸し煮といえば、やはりこちら。
鯛やあさりのだしに、トマトのうまみを合わせたさわやかな一品。
セロリを好みのハーブ、玉ねぎや長ねぎにかえて作ってもいいし、
スープにパスタを入れたり、パンに吸わせて食べるのも好きです。

◆ Special Étuvée

鯛とあさりのアクアパッツァ
Aqua Pazza with Sea Bream & Clam

材料（3～4人分）

- 鯛の切り身（塩をふり、水けをふく）
  … 4枚（320g）
- 塩 … 小さじ½
- あさり（砂出しする）… 1パック（200g）
- プチトマト（縦半分に切る）… 10個
- セロリ（茎は小口切り、葉はざく切り）… 1本
- にんにく（つぶす）… 1かけ
- 白ワイン … ½カップ
- オリーブ油 … 大さじ1½

作り方

1. フライパンにオリーブ油、にんにくを入れて弱火にかけ、香りが出たらセロリの茎を加えて鯛をのせ、まわりにあさりとプチトマトを加える。
2. 白ワインを回しかけ、煮立ったらふたをして弱めの中火で7～8分蒸し煮にする。器に盛り、セロリの葉を散らす。

＊あさりの砂出しのしかたは、26ページ参照

ルッコラといちじくのサラダ

Side dish

ルッコラの苦みにカリカリベーコンを合わせた、華やかなひと皿です。このほかくだものは柿や洋なしなど、季節のものを選んでも。

材料（3～4人分）

- ルッコラ（ざく切り）… 1袋（60g）
- いちじく（ひと口大のくし形切り）… 2個
- マッシュルーム（薄切り）… 1パック（100g）
- ベーコン（3cm幅に切る）… 2枚
- A
  - オリーブ油 … 大さじ1½
  - レモン汁 … 大さじ1
  - メープルシロップ（またははちみつ）… 小さじ1
  - 塩、しょうゆ … 各小さじ¼
- こしょう … 少々

作り方

1. フライパンを何もひかずに熱し、ベーコンを中火でカリカリに炒め、脂をふく。
2. ボウルにAを入れて混ぜ、ルッコラ、いちじく、マッシュルームを加えてあえる。器に盛って1をのせ、こしょうをふる。

若山曜子(わかやま ようこ)

料理研究家。東京外国語大学フランス語学科卒業後、パリへ留学。ル・コルドン・ブルー、エコール・フェランディを経て、パティシエ、グラシエ、ショコラティエ、コンフィズールのフランス国家資格(CAP)を取得。パリのパティスリーなどで経験を積み、帰国後はカフェのメニュー監修、雑誌や書籍、テレビでのレシピ提案などで活躍。自宅で少人数制のお菓子と料理の教室を主宰。著書に『フライパン煮込み』『フライパン煮込み2』『フライパンパスタ』『フライパンリゾット』『作っておける前菜、ほうっておけるメイン』『溶かしバターで作るワンボウルのお菓子』『丸型で焼くからおいしいパウンドケーキ』(すべて小社刊)など多数。
Instagram:@yoochanpetite

デザイン　福間優子
撮影　福尾美雪
スタイリング　池水陽子
調理アシスタント　尾崎史江、藤本早苗
プリンティングディレクション　金子雅一
　(株式会社トッパングラフィックコミュケーションズ)

取材　中山み登り
校閲　滄流社
編集　足立昭子

 フライパン蒸し煮

著　者　若山曜子
編集人　足立昭子
発行人　殿塚郁夫
発行所　株式会社主婦と生活社
　　　　〒104-8357　東京都中央区京橋3-5-7
　　　　Tel.03-3563-5321(編集部)
　　　　Tel.03-3563-5121(販売部)
　　　　Tel.03-3563-5125(生産部)
　　　　https://www.shufu.co.jp
　　　　ryourinohon@mb.shufu.co.jp
印刷所　TOPPANクロレ株式会社
製本所　株式会社若林製本工場
ISBN978-4-391-16302-5

落丁・乱丁の場合はお取り替えいたします。お買い求めの書店か、小社生産部までお申し出ください。
Ⓡ 本書を無断で複写複製(電子化を含む)することは、著作権法上の例外を除き、禁じられています。本書をコピーされる場合は、事前に日本複製権センター(JRRC)の許諾を受けてください。
また、本書を代行業者等の第三者に依頼してスキャンやデジタル化をすることは、たとえ個人や家庭内の利用であっても一切認められておりません。
JRRC(https://jrrc.or.jp　Eメール：jrrc_info@jrrc.or.jp
Tel：03-6809-1281)

©YOKO WAKAYAMA 2024　Printed in Japan

お送りいただいた個人情報は、今後の編集企画の参考としてのみ使用し、他の目的には使用いたしません。詳しくは当社のプライバシーポリシー(https://www.shufu.co.jp/privacy/)をご覧ください。